Direktmarketing für traditionelle Geschäfte

in Kapseln

Die Geheimnisse des legendären Dan S. Kennedy

INDEX

VORWORT Marketing und Werbung neu denken

p. 5

Kap. 1 Der große Reset   p. 9

Kap. 2 Ein unwiderstehliches Angebot   p. 13

Kap. 3 Bring sie dazu, zu gehorchen   p. 17

Kap. 4 Nein zu Schnorrern   p. 19

Kap. 5 Schluss mit Löchern im Eimer   p. 23

Kap. 6 Lauter schreien   p. 29

Kap. 7 Ästhetik   p. 33

Kap. 8 Geld auf der Bank   p. 35

Kap. 9 Die Macht der Disziplin   p. 37

Kap. 10 Das Ergebnisdreieck   p. 41

Kap. 11 Direct-Response-Website   p. 47

Kap. 12 Die Bedeutung des Funnels   p. 51

Anmerkungen   p. 57

VORWORT

Marketing und Werbung neu denken

Unternehmer fallen immer leichter der Werbung zum Opfer: verwirrt, überwältigt und von Agenturen und den Adv-Gurus gemobbt.

Ich bin hier, um all dieses Gerede zu verstummen und durch eine kleine Liste grundlegender Regeln und Strategien etwas Klarheit zu bieten.

Wer ist dein Vorbild?

Beginnen wir mit der Annahme, dass die meiste Werbung, die du siehst, insbesondere die von großen Unternehmen, für ein KMU falsch ist.

Große Unternehmen haben sehr unterschiedliche Ziele und Budgets als du. Es ist, als würde der Hase versuchen, den Löwen zu imitieren, indem er sich auffällig auf einen Felsen setzt und brüllt: Dieser Hase würde bald ein böses Ende nehmen.

Es muss auch gesagt werden, dass ein Unternehmen oft umso dümmer wird, je mehr es wächst, weil mehr

Menschen das Geld anderer Leute ausgeben.

Diese Leute sind weit entfernt von der Realität und daher anfälliger für die Schwindeleien der kreativen Agenturen, die davon träumen, durch ihre „Kunst" berühmt zu werden.

Viele Händler versuchen heute, Amazon mit einem Online-Shop zu bekämpfen, einfach weil es jeder macht. Sie unternehmen enorme Anstrengungen, belasten sich mit Kosten und schmälern ihre Margen, ohne zu erkennen, dass selbst Amazon nicht mit E-Commerce verdient. Amazon verdient mit Werbung, den Gebühren, die Verkäufer für die Nutzung der Plattform zahlen, Cloud-Diensten und vielen anderen Dingen, die nichts mit E-Commerce zu tun haben.

Die Tatsache ist, dass viele deiner Kollegen Blindführer sind. Der Beweis liegt darin, dass in jeder Kategorie, jedem Geschäft oder jeder Gruppe:

- 1% enormen Reichtum schafft;

- 4% sehr gut verdienen;

- 15% ziemlich gut verdienen;

- 60% gerade so über die Runden kommen;

- 20% arm sind.

Also, die Mehrheit deiner Kollegen macht weiterhin Marketing auf die falsche Weise und wenn du es wagst, ihnen zu widersprechen, reagieren sie manchmal gewalttätig, weil du ihre Philosophie, ihre Existenz in Frage stellst.

Denke immer daran, dass jeder Kritiker seine eigene Agenda hat, bewusst oder unbewusst.

Die große Kluft

Du musst wissen, dass es zwei sehr unterschiedliche Denkschulen gibt.

Auf der einen Seite gibt es die meisten Unternehmen, die mit ihrem ineffektiven, markenzentrierten und nicht messbaren Marketing verheiratet sind. Die meisten ihrer Gelder investieren sie basierend auf Glauben, Hoffnung und Ego.

Auf der anderen Seite sind wir, die Rebellen des Direct Marketings, die nach dem großen Werber David Ogilvy „die einzigen sind, die wissen, was sie tun".

Wir wissen, wie man Ergebnisse erzielt, nicht Brand Awareness, Followers und andere nutzlose Metriken. Für uns bedeutet Ergebnisse Geld!

Für uns ist die Marke ein Nebenprodukt des Direct Marketings, sie ist zufällig für das Wachstum, das wir erzeugen, und kann keine Anfangsinvestition sein.

KAPITEL 1

Der große Reset

Beginnen wir sofort mit der Klärung, was ich mit traditionellen Geschäften und Direct-Response-Geschäften meine.

Reine Direct Response sind all jene Produkte/Dienstleistungen, die über Post, Kataloge oder online (Amazon & Co.) verkauft werden und sehr direkte, auf den sofortigen Verkauf ausgerichtete Werbung nutzen.

Traditionelle Geschäfte sind alle anderen: Läden, Zahnarztpraxen, Supermärkte, Waschsalons, Friseure, Beratungsfirmen, Restaurants usw.

Dieses Buch wurde ausschließlich für die Besitzer von traditionellen Geschäften geschrieben, die einen lokalen Markt bedienen mit dem Ziel, ihre Aktivitäten durch Direct Marketing in Geldmaschinen zu verwandeln.

Die meisten meiner erfolgreichen Klienten sind Besitzer von traditionellen Geschäften, daher solltest du ihrem Beispiel folgen, nicht dem von großen börsennotierten Unternehmen.

Um den Unterschied in den Zielen zwischen dir und

einem großen Unternehmen klarzustellen, vergleichen wir sie direkt.

Ziele eines großen Unternehmens

1. Den Vorstand zufriedenstellen;

2. Die Aktionäre zufriedenstellen;

3. Einen gewissen Ruf an der Wall Street haben;

4. Einen guten Eindruck bei den Medien hinterlassen;

5. Brand Identity aufbauen;

6. Werbepreise gewinnen;

7. Etwas verkaufen.

Deine Ziele

1. Etwas verkaufen. Jetzt.

Das Kennedy-Dreieck

Direct Marketing basiert auf dem „Dreieck der Ergebnisse" und umfasst: Nachricht, Markt und Medien. Die gute Nachricht ist, dass du, auch wenn du nichts von Werbung verstehst, sicherlich

eine Sache sehr gut kannst, nämlich deine Produkte oder Dienstleistungen verkaufen.

Das bedeutet, dass du die Nachricht kennst, und das ist schon ein guter Ausgangspunkt. Keine Sorge, das sind Konzepte, die wir später vertiefen werden.

Die 10 Gebote des Direct Marketings (buchstabengetreu zu befolgen)

1. Es wird immer ein oder mehrere Angebote geben;

2. Es wird einen Grund geben, sofort zu reagieren;

3. Du wirst klare Anweisungen geben;

4. Du wirst verantwortungsvoll tracken und messen;

5. Nur Branding zu null Kosten;

6. Es wird immer ein Follow-up geben;

7. Es wird starkes Copywriting geben;

8. Es wird das Aussehen von Direktwerbung haben;

9. Ergebnisse haben das Sagen;

10. Du musst diszipliniert sein und einer strengen Direct-Marketing-Diät folgen.

Ich sage, dass du sie buchstabengetreu befolgen musst, weil es am Anfang der einzige Weg ist, schlechte Gewohnheiten abzulegen. Mit der Zeit, wenn du erfahrener bist, kannst du vielleicht die eine oder andere anpassen, aber am Anfang rate ich dir nicht dazu.

Ein Wort zu den Gurus der neuen Medien und den phantasievollen Metriken. Sie werden dir sagen, dass die neuen Medien nicht wie die alten funktionieren. Seltsamerweise geben diese Leute nie ihr eigenes Geld aus, um mit diesen Medien zu experimentieren, sondern geben dein Geld aus, ohne die Wirksamkeit zu verfolgen.

KAPITEL 2

Ein Angebot, das Sie nicht ablehnen können

Direct Marketing erfordert Disziplin. Aus irgendeinem seltsamen Grund schließen Unternehmer bei den Ergebnissen von Werbung und Marketing ein Auge, während sie das bei nichts anderem auf der Welt tun.

Nur Direct Marketer wissen, dass man immer ein neues Angebot erstellen muss, um dessen Ergebnisse verfolgen und verstehen zu können, ob es funktioniert hat oder nicht.

Erinnern Sie sich an Regel Nr. 1? Ihr Ziel ist es, in jeder Nachricht und bei jeder Gelegenheit ein oder mehrere direkte Angebote einzubinden.

Die zwei Arten von Angeboten

1. <u>Direktverkauf.</u> Bezieht sich auf die klassischen Rabatte, die wir überall sehen. Dieser Angebotstyp hat jedoch Nachteile: Er

beeinträchtigt die Preisintegrität und den Gewinn. Wenn er zu oft verwendet wird, bringt er die Leute dazu, nur zu kaufen, wenn es einen Rabatt gibt. Außerdem richtet er sich nur an Personen, die bereit sind, jetzt zu kaufen, und schließt alle aus, die möglicherweise in Zukunft interessiert sein könnten. Schließlich kann es leicht mit anderen Angeboten verglichen werden, auch online, was zu einem erbarmungslosen Preiswettbewerb führt;

2. <u>Lead-Generierung.</u> Ein viel interessanteres Angebot, da es Geldverschwendung in der Werbung reduzieren und die Möglichkeit bieten kann, Vertrauen und eine Beziehung zu potenziellen Kunden aufzubauen. Dies ist ein Angebot, das von Marketern auf nationaler Ebene häufig genutzt wird, aber aus irgendeinem seltsamen Grund von kleinen lokalen Unternehmen wenig verwendet wird. Angenommen, Sie renovieren Bäder, wäre es viel nützlicher und einfacher, einen Leitfaden über die Fehler zu bewerben, die bei der Renovierung vermieden werden sollten, um Daten zu erfassen und den Kunden zu informieren, als ein kostenloses Angebot auf gut Glück zu machen.

Widerstand gegen das Überschreiten der Schwelle

Auf welcher Schwelle befindet sich Ihr Angebot? Was ist der "psychologische" Kosten der Entscheidung des

Kunden, was erzeugt Reibung?

Denken Sie an ein kostenloses Angebot für eine Renovierung oder einen kostenlosen Besuch bei einem unbekannten Arzt oder einen kostenlosen Termin mit einem Berater. Der Kunde, auch wenn er nichts bezahlen muss, fühlt sich eingeschüchtert, weil er Sie nicht kennt, keine Vertrautheit hat.

Wie kann man diesen Widerstand gegen das Überschreiten der Schwelle verringern? Mit dem, was ich „Information-first Marketing" nenne. Ich gebe Ihnen einige Beispiele:

- eine Karateschule bietet anstelle einer kostenlosen Lektion einen Bericht mit dem Titel „Leitfaden für Eltern, die ihre Kinder vor Mobbing schützen wollen";

- wenn Sie Matratzen verkaufen, können Sie einen Leitfaden mit dem Titel „Warum Sie nie gut schlafen können" erstellen;

- der IT-Berater wirbt nicht für seine Dienstleistungen, sondern bietet ein kostenloses Buch „Wie man sich vor Cyberangriffen schützt" an.

Der hybride Ansatz

Niemand verbietet Ihnen, die beiden Dinge zu kombinieren, zum Beispiel ein Angebot mit einer höheren Schwelle (für die Entschlosseneren) zusammen mit einem „Information-first", um mehr Gründe zu geben, auf Ihre Anzeige zu antworten. Sie können experimentieren und testen, was für Sie am besten funktioniert.

Regel Nr. 2: Der Grund, sofort zu antworten

Zögern und Aufschieben sind einige der häufigsten Verhaltensweisen in der menschlichen Natur. Die versteckten Kosten und das Scheitern der Werbung liegen bei den sogenannten „fast Überzeugten". Deshalb muss es Dringlichkeit geben, einen guten Grund, sofort zu kaufen.

Southwest Airlines fand einen Weg, das Einchecken der Passagiere zu beschleunigen, indem sie beschlossen, die Sitze nicht zuzuweisen. Auf diese Weise sind die Leute in Eile, an Bord zu gehen, um den besten Platz zu wählen.

Das Ziel des Direct Marketings ist es, einen Grund für die Dringlichkeit zu finden: begrenzte Plätze, begrenzte Tage usw.

Mein Freund, der Copywriter John Carlton, beschreibt den Kunden als „ein schlafwandelndes Faultier, das auf dem Sofa liegt, mit dem Telefon außer Reichweite". Ihr Angebot muss so einzigartig sein, dass es ihn dazu bringt, seinen Hintern hochzubekommen und das Telefon in die Hand zu nehmen!

KAPITEL 3

Bring sie dazu, zu gehorchen

Wie oft beschweren wir uns über nahestehende Personen, in der Erwartung, dass sie unsere Gedanken lesen?

Wenn Sie möchten, dass jemand etwas tut, reicht es nicht, es einmal zu sagen, man muss wiederholen, erinnern, verstärken. Auch wir Marketer und Unternehmer müssen das mit unseren Kunden tun und genau klarstellen, was wir von ihnen erwarten.

Regel 3: Geben Sie klare Anweisungen

Die meisten Menschen sind in der Lage, Anweisungen korrekt zu befolgen und zu tun, was ihnen gesagt wird: das wird uns von klein auf beigebracht.

Oft liegt der Fehler vieler Marketer darin, verwirrende Anweisungen zu geben oder gar keine.

Die Leute hassen das Unbekannte; sie wollen genau wissen, was von ihnen erwartet wird, welche Schritte sie unternehmen müssen. Sind sie verwirrt, kaufen sie nicht. Nehmen Sie niemals etwas als selbstverständlich an.

Zum Beispiel in einem unserer Tests genügte es, den Button „Jetzt kaufen" in „Klicken Sie auf den Button, um jetzt zu kaufen" zu ändern, um einen signifikanten Anstieg der Verkäufe zu sehen.

KAPITEL 4

Nein zu Schnorrern

Regel Nr. 4: Verantwortungsvoll nachverfolgen

Du wirst keine Marketinginvestition mehr zulassen, ohne deren Ergebnisse zu messen.

Jeder ausgegebene Dollar muss sich vervielfachen oder in die festgelegten Ergebnisse umsetzen lassen. Gib niemals in diesem Punkt nach. Und mit Ergebnissen meine ich nicht Likes, Views und andere nutzlose Metriken.

Das musst du aus zwei Gründen tun:

1. Es ist die einzige Strategie, die funktioniert;

2. Du benötigst diese Daten, um intelligente Marketingentscheidungen zu treffen.

<u>Achtung:</u> Mitarbeiter können ein Hindernis für das Tracking sein, manchmal aus Faulheit oder Sturheit. Anfangs kann es etwas Widerstand geben, aber es lohnt sich.

Ich gebe dir ein Beispiel. Die Mitarbeiter einer stark beworbenen Ladenkette hatten die Aufgabe, die

Kunden zu fragen, welche Werbung sie dazu bewogen hatte, in den Laden zu kommen. Das Problem war, dass sie dies widerwillig taten und die Daten nicht genau waren. Dann wurde entschieden, Umfragen am Eingang mit einem Gewinnspiel für die Teilnahme durchzuführen. Die Datenmenge und deren Genauigkeit verbesserten sich sofort.

Regel Nr. 5: Kostenloses Branding

In meinem Buch „Eine Marke mit Direct Response Marketing aufbauen" gibt es das praktische Beispiel, wie die Besitzer von Iron Tribe Fitness es gemacht haben. Sie haben alle Regeln des Direct Response befolgt, wie das Tracking, und verstanden, wie man ein Brand durch Verkäufe aufbaut.

Ich bin nicht gegen Branding und kenne die Bedeutung eines anerkannten Brands. Viele meiner Kunden haben mächtige Brands aufgebaut, und ich habe es auch mit meinen Geschäften gemacht. Aber keiner von uns hat das Brand aufgebaut, indem wir Unsummen ausgegeben haben, es war einfach ein Nebenprodukt unserer Verkäufe durch Direct Marketing.

Viele kleine Unternehmen und Start-ups können es sich nicht leisten, Geld für Branding auszugeben, deshalb ist mein Rat: Gib Geld aus, um zu verkaufen (Direct-Response-Werbung), und du wirst auch ein wenig Branding bekommen. Zahle niemals für Branding in der Hoffnung zu verkaufen!

Schließlich kann dir niemand garantieren, dass dein Brand unsterblich ist, der Friedhof der Brands ist immer voll. Du kannst dort Holiday Inn, Pontiac, Kodak und viele andere finden, die einst Branchenführer waren.

Werbung ohne Brand

In manchen Fällen funktioniert Werbung besser ohne jegliches Logo oder Brand. Das ist der Fall bei klassischer Werbung, die Aufmerksamkeit auf ein heikles oder kontroverses Thema lenken will. Ein Logo oder Name würde die Kraft dieser Werbung töten. Diese Strategie funktioniert sehr gut im Finanzbereich.

Du kannst immer intern mit bereits gewonnenen Kunden Branding betreiben, während du für neue Kunden weiterhin schmucklose, brandfreie Werbung machst.

KAPITEL 5

Schluss mit Löchern im Eimer

Stell dir dein Geschäft vor, als wäre es ein Eimer, in den du Ideen, Energie und Geld steckst, in der Hoffnung, genügend Gewinne zu erzeugen. Viele Unternehmer konzentrieren sich darauf, diese Dinge in den Eimer zu stecken, aber sehr wenige kümmern sich darum, was im Inneren passiert.

Regel Nr. 6: Mach Nachverfolgung

In vielen Unternehmen sehe ich oft mehr Löcher als Eimer. Es gibt Kunden, die:

1. deine Werbung lesen oder dich zufällig finden;

2. zu dir in die Geschäftsstelle kommen oder die Website besuchen;

3. etwas von deinen Mitarbeitern fragen.

Und während all dieser Zeit bemüht sich niemand, ihre Daten aufzunehmen, ihnen ein Angebot zu machen oder ihnen etwas Kostenloses zu schicken. Das ist eine kriminelle Verschwendung!

Wie man in deinem Unternehmen eine Million extra findet

Wer möchte nicht eine Million mehr Umsatz? Die gute Nachricht ist, dass sie bereits in deinem Unternehmen steckt, die schlechte Nachricht ist, dass sie in der Nachverfolgung steckt, die du nicht machst (nie zurückgerufene Kunden).

Oft begnügen sich Unternehmer: zum Beispiel geben sie 1.000 $ für Werbung aus, erhalten 50 Anrufe, erreichen 5 Termine, um dann nur 2 Kunden abzuschließen. Wenn diese 2 Kunden jeweils 1.000 $ wert sind, sind sie schon zufrieden (sie geben 1.000 aus und verdienen 2.000).

Sie denken nicht daran, dass jeder Anruf 20 $ gekostet hat und 45 nicht einmal zu einem Termin geführt haben. Praktisch ist das ein Verlust von 900 $!

Wenn es durch Nachverfolgung gelänge, weitere 5 Termine (und 2 tatsächliche Kunden) zu gewinnen, könnten weitere 2.000 $ verdient werden.

Wenn dann jeder Kunde einen weiteren empfiehlt, würden aus den zuvor verschwendeten 2.900 $ 4.900, dann 6.900, dann 8.900 und dann 10.900. Wenn das einmal im Monat passiert, sind das 109.000 $, die du einstecken solltest, aber durch die

Löcher im Eimer verloren gehen. In 10 Jahren sind das genau 1 Million Dollar.

Du könntest einfach durch das Stopfen all dieser Löcher Millionär werden!

Direct Marketing denkt nie nur daran, einen Kunden durch einen einzigen Verkauf zu gewinnen, das, was wir „Front-End" nennen. Der erste Verkauf sollte dazu dienen, eine langfristige und wiederkehrende Beziehung zu starten, die den Kunden allmählich zu teureren Produkten/Dienstleistungen, dem sogenannten „Back-End", führt. Schließlich geht es darum, ein System aufzubauen, das verhindert, dass Leads und Prospects verloren gehen, bevor sie zu Kunden werden.

Hier sind die häufigsten Schwachstellen:

1. Die Person, die anruft, um Informationen zu bitten und nie zurückgerufen wird;

2. Keine Nachverfolgung von Leads, die während Messen und Ausstellungen generiert wurden;

3. Keine Nachverfolgung von Empfehlungen;

4. Kein sofortiges Nachfassen oder Upselling bei neuen Kunden, um sie zu Stammkunden zu machen;

5. Keine Prävention oder Anstrengung, um Kundenverlust zu verhindern. Gleichgültigkeit gegenüber Kunden ist der Hauptgrund, warum Kunden woanders hingehen.

Wie sieht die Nachverfolgung aus?

Die gängigste und zuverlässigste besteht aus 4 Schritten, wobei verschiedene Medien zu niedrigen Kosten oder kostenlos gemischt werden. Der gesamte Prozess kann automatisiert werden und betrifft gleichzeitig mehrere Kontakte.

Beispiel: Es kann eine E-Mail mit einem Link zu einem Video geben. Das Ansehen des Videos löst eine Sequenz von E-Mails und Telefonanrufen aus. Wer danach nicht kauft, könnte eine andere Serie von E-Mails und ein anderes Video erhalten, vielleicht um auf Einwände des Kunden einzugehen.

Schritt 1: Das Wiederholen des gleichen Angebots

Wenn der Prospekt dein Angebot nicht gekauft hat, versuche, es attraktiver zu machen: Biete mehr Informationen an und zeige dich bereit, Fragen zu beantworten. Mach deutlich, dass er diese Kommunikation erhält, weil er nicht sofort gekauft hat. Präsentiere das Angebot erneut mit einem neuen Ablaufdatum.

Schritt 2: Sei streng oder freundlich

Je nach deiner Persönlichkeit kannst du Themen wie "Hast du es verpasst?" "Ich mache mir Sorgen um dein Scheitern..." "Ich verstehe nicht, was du vorhast..." oder andere Themen verwenden, die

Aufmerksamkeit erregen und den Prospekt zumindest dazu bringen, zu erklären, warum er nicht geantwortet hat.

Du kannst das Angebot erneut vorstellen, es etwas ändern und sein Ablaufdatum betonen, vielleicht indem du eine Ratenzahlung oder ein zusätzliches Geschenk anbietest.

Schritt 3: Letzte Chance!

Dies ist die letzte Benachrichtigung, bevor das Angebot endgültig ausläuft. Sie muss sehr dramatisch sein und alles betonen, was sie verlieren könnten, wenn sie nicht akzeptieren.

Schritt 4: Ändere das Angebot

Manchmal kannst du das Angebot leicht ändern, indem du eine Zahlungserleichterung, einen anderen Bonus usw. anbietest.

Andere Male sagen dir die Prospects einfach, dass sie deine Lösung für ihr Problem oder ihren Wunsch nicht wollen. Das bedeutet nicht, dass das Problem oder der Wunsch verschwunden ist.

Beispiel: Mary hat auf deine Anzeige geantwortet, weil sie Gewicht verlieren möchte, du hast ihr ein Fitnessstudio-Training angeboten, und sie hat nicht akzeptiert. Vielleicht würde sie Nahrungsergänzungsmittel, eine Diät oder formende Unterwäsche akzeptieren.

KAPITEL 6

Lauter schreien

Mittlerweile sind wir immun gegen Lärm, daher wird
es immer schwieriger, lauter als die anderen zu
schreien, um gehört zu werden. Und schließlich,
neben dem Schreien, muss man auch etwas
Interessantes zu sagen haben.

Regel Nr. 7: Es wird starkes Copywriting geben

Viele Unternehmer versuchen, lauter zu schreien,
indem sie mehr Geld ausgeben, größere
Werbeflächen kaufen oder berühmte Testimonials
nutzen.

Das Problem ist, dass Schreien allein nicht ausreicht,
um zu verkaufen; man muss die Verkaufstechniken
kennen, und viele Unternehmer ignorieren sie völlig
oder meiden sie.

Ich finde mich oft in der Rolle des emotionalen
Unterstützers für meine Kunden wieder, weil sie
schwer zu entwurzelnde Überzeugungen haben, die

vom Ego genährt werden: Sie denken, ihre Kunden seien zu anspruchsvoll und würden nicht auf sensationelle Töne reagieren, oder sie haben einfach Angst vor dem, was andere (Freunde, Familie, Kollegen) von ihnen denken könnten.

Man muss verstehen, dass in dieser Umgebung alles Normale und Gewöhnliche ignoriert wird; vorsichtige und ruhige Botschaften bleiben unbemerkt.

Wie ich bereits sagte, reicht es jedoch nicht aus, Aufmerksamkeit zu erregen und Lärm zu machen; man muss eine Botschaft übermitteln, die für das Zielpublikum relevant ist und Autorität aufbaut.

Daher ist mein Rat, sich nicht von der Missbilligung anderer einschüchtern zu lassen, solange unsere Werbung funktioniert und uns Kunden und Umsatz bringt. Die einzigen Regeln, die es zu beachten gilt, sind die der Medien, die wir nutzen, um nicht gesperrt zu werden.

Die 3 Fehler des ineffektiven Copywritings

Die meisten Direct Marketer und Direct-Response-Copywriter wissen, dass man bei den Interessen, Frustrationen, Ängsten und Wünschen der Kunden ansetzen und erst später eine zum Produkt/Dienstleistung passende Lösung anbieten muss.

Alle ineffektiven Nachrichten begehen jedoch diese Fehler:

1. <u>Die Psyche des Kunden ignorieren.</u> Sie

sprechen nur über das Unternehmen, die Produkte oder Dienstleistungen, deren Merkmale und Vorteile, Preise und Garantien;

2. <u>Kalte und unpersönliche Schreibweise.</u> Man muss emotional, begeistert sein und so sprechen, als würde man mit einem Freund reden;

3. <u>Vorsichtige Behauptungen.</u> Nehmen wir eine Werbung für einen Golfkurs, ist es effektiver zu sagen „Du lernst, den Schlag zu korrigieren und weiter zu schlagen" oder „Du lernst, gerader und weiter zu schlagen, als du es jemals in deinem Leben getan hast"? Denke daran: Schüchterne Verkäufer haben hungrige Kinder.

Wenn du darauf bestehst, mehr Geld auszugeben, um eine ineffektive Nachricht zu verbreiten, schadest du nur deinem Geldbeutel und deinem Ruf.

Der Punkt ist, dass jeder starkes Copywriting braucht, das verkaufen kann, und es ist sehr wahrscheinlich, dass du lernen musst, es selbst zu schreiben, weil gute Direct-Response-Copywriter sehr teuer sind, oft zu teuer für ein kleines Unternehmen.

KAPITEL 7

Ästhetik

Unternehmer lieben schöne und raffinierte Werbung. Sie wollen ihre Botschaften elegant gestalten und fallen daher oft leicht den kreativen Agenturen zum Opfer. Ihr Ego kümmert sich nicht um Ergebnisse, sondern nur darum, stolz zu sein.

Wir, die Direct Marketer, bevorzugen Arbeitskleidung. Wir brauchen keine Zustimmung von Snobs; wir kleiden unser Marketing in bequeme Kleidung, die es uns ermöglicht, unsere Ziele zu erreichen.

Regel Nr. 8: Es wird das Aussehen von Direktwerbung haben

Was ich nun sage, wird viele Unternehmer schockieren. Wenn du die Kraft hast, Vorurteile abzulegen, wirst du viel Geld verdienen.

Ignoriere alles, was die anderen tun, und folge den einfachen Richtlinien, die ich dir geben werde.

Klassische Direktwerbung sieht aus wie ein Zeitungsartikel: eine Überschrift, ein Untertitel, 2 oder 4 Spalten Text und manchmal einige Bilder.

In der Regel enthält das erste Viertel die Überschrift und den Untertitel, in der Mitte wird das Produkt/Dienstleistung vorgestellt (manchmal mit Testimonials). Schließlich finden wir das Angebot und die Anweisungen zum Antworten, oft mit einem Coupon.

Eine weitere gültige Alternative ist das Advertorial, etwas mehr getarnt als das gerade Beschriebene, das einen echten redaktionellen Artikel mit der Förderung eines Produkts/Dienstes vermischt.

Stopp. Ende. Der Rest zählt nicht.

Ich sage dir jetzt, dass viele denken werden, du seist verrückt, aber ich versichere dir, dass du viel mehr Ergebnisse sehen wirst, als wenn du blind die schönen Werbungen der anderen kopierst. Es ist eine bewährte Methode, die viele Menschen, einschließlich mir und vielen meiner Kunden, zu Millionären gemacht hat.

PS: Wenn du Inspiration brauchst, mit echten Anzeigen, die funktionieren, kannst du die Website www.swiped.co besuchen.

KAPITEL 8

Geld auf der Bank

Wenn du ein Unternehmen führst, sollte dein Hauptziel das Verdienen von Geld sein, Punkt. Je früher du diese einfache Wahrheit akzeptierst, desto schneller wirst du erfolgreich sein.

Regel Nr. 9: Nur Ergebnisse zählen

Ich gebe dir ein Beispiel. Wenn du 20$ für die Autowäsche bezahlst, erwartest du, dass dein Auto sauber ist, sonst bezahlst du nicht.

Warum gilt dieses einfache Konzept nicht auch für Werbung? Du musst dich davon überzeugen, dass Meinungen nicht zählen, nicht einmal deine eigenen, es zählen nur die Ergebnisse.

Eines der großartigen Dinge am Direct Response ist, dass du A/B-Tests durchführen kannst, mit zwei leicht unterschiedlichen Versionen derselben Anzeige, um zu sehen, welche besser funktioniert. Du kannst Bilder, Farben, die Überschrift, die Länge des Copies usw. ändern.

Indem du die Daten misst, wirst du genau wissen, was funktioniert und was nicht, und du wirst Meinungen ein für alle Mal begraben!

Jetzt erkläre ich dir zum letzten Mal, warum deine Meinungen oder die deiner Freunde/Familie/Kollegen nicht zählen.

Ihr seid nicht diejenigen, die für die Dienstleistungen deines Unternehmens bezahlen, es sind deine Kunden, die die einzigen sind, die zählen. Wenn sie auf deine Anzeigen antworten und kaufen, hast du die Pflicht, jede andere Meinung zu ignorieren!

Die Welt ist voll von Menschen, die Ergebnisse wollen, aber nicht bereit sind, das zu tun, was dafür notwendig ist. Diese Einstellung ist es, die Gewinner von Verlierern trennt. Auf welcher Seite stehst du?

KAPITEL 9

Die Macht der Disziplin

Wenn du dieses Buch zu Ende gelesen hast, wirst du wissen, was zu tun ist, die Frage ist: Hast du den Mut, es zu tun?

Regel Nr. 10: Du musst diszipliniert sein und nur Direct Marketing betreiben

Da ist dieser faule Mitarbeiter, den du nicht zu entlassen wagst; da ist die nutzlose Werbung, die du nicht zu stoppen wagst; da ist diese nutzlose Website, die du nicht neu gestalten möchtest. Also lässt du alles, wie es ist.

Wenn du nicht den Willen zum Gewinnen hast, dieses brennende Verlangen in dir, wenn du nicht die Kraft hast, alles Notwendige zu tun, wirst du es nie schaffen.

Du musst Kritik ignorieren, vernünftige Investitionen tätigen, bei der Ausführung diszipliniert sein und entschlossen sein, es zu schaffen:

1. <u>Werde den Müll los.</u> Entferne alles, was keine

Ergebnisse produziert oder es dir nicht erlaubt, sie zu verfolgen: Broschüren, Werbung, Medien, faule Mitarbeiter;

2. <u>Erstelle einen neuen Marketingplan.</u> Einfach, mit wenigen Regeln zu folgen und klaren Zielen, und schreibe ihn auf Papier;

3. <u>Wähle neue Tools.</u> Neue Werbung, Website, E-Mail-Sequenzen, Software, Verkaufsdisplays usw.;

4. <u>Beginne, alle Daten zu messen.</u> Alles muss täglich, wöchentlich, monatlich, jährlich gemessen werden. Nur so kannst du dich verbessern.

5. <u>Übe.</u> Widme genügend Zeit dem Studium, Nachdenken und ständigen Verbessern deines Marketings;

6. <u>Sei skeptisch gegenüber denen, die dich behindern wollen.</u> Jeder, der dich von deinen Zielen abbringen oder die Regeln des Direct Marketings ändern will, ist eine Gefahr für das Überleben deines Unternehmens, hör nicht auf sie.

Grundlegende Liste der Direct-Marketing-Tools

Front-End/Kundengewinnung:

- Lead Magnets. Bücher, kostenlose Berichte, Videos;

- Websites. Speziell entwickelt, um Kundendaten zu erfassen;

- Verkaufsbriefe;

- Follow-up-Sequenzen für Nichtkäufer;

- Verkaufsdisplays für eingehende Anrufe, die Daten für Follow-ups erfassen.

Back-End/Kundenbindung und -aufstieg:

- Online- und Offline-Sequenzen. Zum Beispiel für Up-Sell und Cross-Sell;

- Saisonale Promotionen;

- Newsletter;

- Empfehlungskampagnen;

- Reaktivierung inaktiver oder verlorener Kunden;

- Online- und Offline-Kataloge.

KAPITEL 10

Das Ergebnisdreieck

Es gibt drei grundlegende Komponenten jeder Marketingstrategie, in jeder Branche und für jedes Produkt/Dienstleistung:

1. Die Marketingbotschaft;

2. Das Medium, um es zu bewerben;

3. Der Markt, der auf die Anzeige reagiert.

Diese drei Elemente sind alle fundamental und müssen alle korrekt sein, damit dein Marketing funktioniert. Ein Fehler in einem davon führt zum Scheitern.

Der Markt

Wen versuchst du zu erreichen? An wen richtest du dich? Nur indem du genau weißt, wer dein Markt ist, kannst du die richtige Botschaft und das richtige Medium wählen.

Es scheint offensichtlich, und doch ist das meiste

Marketing, das ich sehe, immer auf das Produkt konzentriert, nicht auf den Kunden, und tendiert dazu, sehr generisch zu sein, um mehr Kunden anzuziehen, scheitert aber.

Viele Unternehmer können nicht beschreiben, wer ihre idealen oder aktuellen Kunden sind.

Ich gebe dir ein Beispiel eines meiner Kunden: Sein Dienst besteht darin, amerikanischen Männern, die von früheren Beziehungen enttäuscht sind, ausländische Ehefrauen zu finden, und hilft auch bei den Einwanderungsverfahren. Als ich ihn fragte, wer seine Kunden seien, antwortete er: alle. Aber als ich ihn fragte, wer seine besten Kunden seien, konnte er keine Antwort geben. Nach einigen Nachforschungen stellte sich heraus, dass die Hälfte seiner Kunden geschiedene LKW-Fahrer waren.

Wie man die Informationen nutzt

Jetzt, da er weiß, wer sein idealer Kunde ist, könnte er beispielsweise entscheiden, in Raststätten oder in Zeitschriften und Magazinen zu werben, die von LKW-Fahrern gelesen werden, statt in allgemeinen Zeitungen wie USA Today. So wählt er das richtige Medium.

Dann kann er statt generischer Nachrichten direkt an LKW-Fahrer appellieren, in ihrer Sprache sprechen, auf ihre spezifischen Probleme eingehen und andere LKW-Fahrer als Testimonials verwenden. Damit hat er auch die richtige Botschaft gefunden. Das Dreieck ist komplett.

Wenn du ein neues Geschäft hast, denke darüber nach und analysiere die Konkurrenz oder beginne mit deinen persönlichen Vorlieben. In jedem Fall versuche niemals, alle anzuziehen.

Wenn du nicht bereit bist, klug auszuwählen und zu differenzieren, wirst du folgende Probleme haben:

1. Du wirst wie viele andere sein;

2. Du kannst nicht mehr als der Durchschnitt verdienen;

3. Du wirst als Commodity betrachtet, bist dem Wettbewerb und dem Preisverfall ausgesetzt.

Die Botschaft

Wichtig zu verstehen ist:

1. Deine Kunden und Interessenten sind überflutet von Mitteilungen der Konkurrenz und nicht nur, die um ihre Aufmerksamkeit und ihr Geld konkurrieren;

2. Die meisten Mitteilungen scheitern kläglich mit Konversionsraten unter 1%. Wer Direct Marketing nutzt, sieht deutlich bessere Raten, durchschnittlich 200 bis 500%, aber auch höher;

3. Mitteilungen über Produkte und Dienstleistungen interessieren dich mehr als deine Kunden;

4. Menschen lesen, was sie interessiert, daher musst du

interessante/schockierende/geheime Informationen liefern, um sie anschließend mit deinem Produkt/Dienstleistung zu verbinden.

Zurück zum Konzept des Information-First Marketings, ich habe es genau deshalb geprägt, um es von allen anderen Werbearten zu unterscheiden. Um zu verstehen, welche Art von Informationen angeboten werden sollen, gibt es ein grundlegendes Prinzip: Wähle den richtigen Köder für deine Beute.

Sobald du weißt, wer die Beute ist, die du anziehen möchtest (der Markt), kannst du den richtigen Köder wählen. Unter Köder versteht man natürlich die Botschaft, aber auch das, was du anbietest, um eine Antwort zu ermutigen (ein Bericht, ein Geschenk, ein kostenloser Dienst usw.).

Die Gründe für die schlechten Ergebnisse vieler Unternehmer sind:

- Fehlen eines Köders (klassisches Branding);

- Schlechter Köder (langweilig) Zum Beispiel ein Bericht „Leitfaden zur Immobiliensteuer", der verbessert werden könnte in „Wie man das Finanzamt legal austrickst und Immobiliensteuern umgeht";

- Falscher Köder. Zum Beispiel ein Leitfaden zur Immobiliensteuer für Leute, die noch kein Haus besitzen (junge Paare).

Schließlich gibt es das Konzept der Ausrichtung zwischen Botschaft und Markt. Um die Botschaft magnetisch zu machen, sollte man für jedes

Kundensegment spezifische Broschüren/Anzeigen/Kataloge erstellen, nicht ein einheitliches Tool für alle, sonst wird die Botschaft generisch.

Die Medien

Die Liste der Medien (online und offline) ist endlos. Einige entstehen und vergehen in kurzer Zeit, andere bestehen über Jahre. Zu versuchen, auf allen möglichen Medien präsent zu sein, ohne zu berücksichtigen, welche tatsächlich Ergebnisse liefern, ist nicht machbar. Du würdest Zeit und Geld verschwenden.

Wie wählt man die richtigen Medien aus? Es hängt immer damit zusammen, wen du zu erreichen versuchst (Markt) und seine Gewohnheiten. Eines ist sicher, wenn das Medium, das du gewählt hast, es dir nicht erlaubt, seine Wirksamkeit zu messen, solltest du es meiden.

Auch hier sind deine Meinungen und die der Leute um dich herum über Trends und den Tod einiger Instrumente irrelevant.

Deine Aufgabe ist es, herauszufinden, was für deine Kunden funktioniert, und zu versuchen, nicht zu 100% von einer einzigen Plattform abhängig zu sein, besonders wenn es sich um soziale Medien oder private Plattformen handelt, die dich jederzeit bannen und ausschließen können.

KAPITEL 11

Direct-Response-Website

Direct Marketing ist keine Modeerscheinung oder ein Ansatz, der nur in bestimmten Bereichen und mit bestimmten Medien gültig ist.

Es basiert auf unveränderlichen Konzepten der menschlichen Natur und Psychologie, daher ist es auch online und in jedem Medium anwendbar.

In diesem Kapitel werden wir besprechen, wie man eine Website erstellt, die von einer einfachen Broschüre zu einer Geldmaschine wird, die Besucher in Kunden umwandelt.

Unterschied zu anderen Websites

Die meisten Websites, die ich überprüfe, sind schön, und die Unternehmer sind stolz darauf, sie zu zeigen, oft weil sie viel Geld für ihre Erstellung ausgegeben haben. Wenn ich frage, wie viele Seitenaufrufe sie haben oder wie viele Leads sie von der Website bekommen, können sie mir keine Antwort geben.

Die Tage, in denen eine Website einfach ein schönes

Schaufenster sein konnte, sind vorbei.

Man muss die Besucher dazu bringen, eine Handlung auszuführen, und zwar nicht irgendeine, sondern die, die wir wollen. Praktisch muss deine Website dein 24-Stunden-Verkäufer sein.

Dies ist umso wichtiger, wenn du bezahlten Traffic über Google Ads oder Social-Media-Werbung darauf lenkst.

Hier sind die 8 Regeln für eine Direct-Response-Website:

1. Eine USP (Unique Selling Proposition) haben;

2. Einen Lead-Magneten anbieten;

3. Ein System zum Erfassen von E-Mails aufbauen;

4. Eine Follow-up-E-Mail-Sequenz einrichten;

5. Relevante Bilder und Videos verwenden;

6. Testimonials und Bewertungen einbeziehen;

7. Mobile-friendly sein;

8. Menschen über Social Media und Offline-Marketing auf die Website leiten.

Um deine USP zu finden, musst du die echten Vorteile, die du deinen Kunden bietest, berücksichtigen und in einem Satz zusammenfassen, der klar macht, warum sie bei dir kaufen sollten. Ich spreche nicht von "niedrigen Preisen" oder "hoher Qualität", sei spezifisch! Die USP sollte eine Reaktion wie "Wow, wirklich? Wie ist das möglich?" hervorrufen, kurz gesagt, sie sollte neugierig machen.

Es muss einen CTA (Call to Action) geben, der Leads oder Verkäufe generiert: ein Formular ausfüllen, sich für den Newsletter anmelden, einen Gutschein verwenden, ein Webinar ansehen, einen Bericht anfordern usw.

Biete Vielfalt an: einen Verkaufsbrief für diejenigen, die gerne lesen, ein Video für Videoliebhaber, Daten für Statistikfans usw.

Der Website-Text muss auf den Kunden und nicht auf dich und dein Unternehmen zentriert sein. Überprüfe regelmäßig, wie viele Personen die Website besuchen und wie viele ihre Daten hinterlassen.

Follow-up

Ein weiterer kritischer Aspekt vieler Websites ist, dass sie kein System haben, um regelmäßig mit den Kunden in Kontakt zu bleiben, aber das ist der einzige Weg, um eine dauerhafte Beziehung aufzubauen und in den Köpfen der Kunden zu bleiben. Das ist immer gut investiertes Geld.

Diese E-Mails dürfen jedoch nicht langweilig sein, sondern müssen interessant, unterhaltsam sein und eine Gemeinschaft schaffen.

Erstelle zwei oder drei Mal im Jahr Wettbewerbe und kündige die Gewinner per E-Mail an, um die Interaktion und die Öffnungsraten zu erhöhen.

Bewertungen und Testimonials

Füge immer Kundenbewertungen oder -testimonials auf deiner Website ein, denn was andere über dich sagen, ist immer glaubwürdiger, als wenn du es selbst sagst.

Sie können schriftlich oder in Videoform sein, und je detaillierter und spezifischer sie sind, desto glaubwürdiger sind sie, besonders wenn sich der Kunde mit den Problemen und Geschichten der Testimonials identifizieren kann.

KAPITEL 12

Die Bedeutung des Funnels

Als Unternehmer ist es deine Aufgabe, neue Prospects (oder Leads) zu gewinnen.

Dann musst du die Leads in Kunden umwandeln, sie dazu bringen, mehrmals zu kaufen, und schließlich ermöglichen, dass sie neue Kunden empfehlen.

Aus diesen Gründen benötigst du einen Verkaufstrichter (Funnel), der es dir praktisch ermöglicht:

- den Umsatz zu steigern;

- die Konversionsrate zu verbessern;

- das Verkaufsvolumen vorherzusagen;

- Produkte/Dienstleistungen zu identifizieren, die sich nicht leicht verkaufen lassen.

Der Funnel beginnt, wenn jemand Interesse an deinem Produkt/Dienstleistung zeigt und führt den Kunden durch eine Reihe von Schritten, die darauf abzielen, so viel wie möglich zu konvertieren.

Die Konversionen können unterschiedlicher Art sein:

ein Dokument herunterladen, ein Video ansehen oder einen Kauf tätigen.

Die besten Funnels berücksichtigen die Vielfalt der Kunden und bieten eine Personalisierung von Angeboten, Boni, Upsells, Downsells usw. an. Auf diese Weise werden die Gewinne für alle Kundentypen maximiert.

Denke an den Funnel wie an einen Baum mit vielen Ästen und verschiedenen Arten von Äpfeln (Produkten/Dienstleistungen). Du musst so vielen Kunden wie möglich die größtmögliche Auswahl an Optionen bieten. Wenn sie sich mit dem niedrigsten Zweig zufrieden geben, um einen grünen Apfel zu pflücken, ist das in Ordnung. Wenn sie etwas höher klettern und schöne goldene Äpfel pflücken wollen, musst du ihnen das ermöglichen.

Wie weckt man den Wunsch, den Baum zu erklimmen? Zuerst braucht es etwas Kostenloses oder sehr Günstiges. Auf diese Weise sind die Kunden zufrieden, etwas von dir zu erhalten, ohne große Opfer zu bringen. Du bist zufrieden, weil du eine Beziehung begonnen und deinen potenziellen Wert gezeigt hast.

Nicht jeder mag es jedoch, den Aufstieg schrittweise zu verfolgen; es gibt solche, die, sobald sie entscheiden, dass du ihnen helfen kannst, sofort zur teuersten Lösung springen wollen, ohne Zeit zu verlieren. Deshalb muss der Funnel immer Abkürzungen enthalten, in jedem Schritt des Weges.

Ein weiterer wichtiger Punkt ist die Einfachheit des Kaufs: In jedem Schritt muss es einen Link geben, um das Produkt/Dienstleistung leicht kaufen zu können. Wenn der Kunde bereit ist zu kaufen, musst du sofort zur Verfügung stehen.

Wie man einen Funnel aufbaut

Jetzt, wo du weißt, warum ein Funnel wichtig ist, lass uns sehen, wie man ihn realisiert. Diejenigen, die auf einem Produkt basieren, beinhalten oft 2 Aktionen: zum Warenkorb hinzufügen und Checkout.

Funnel können einfacher oder komplizierter sein; am Anfang ist es besser, mit einem einfachen zu beginnen und dann Elemente hinzuzufügen, während deine Fähigkeiten wachsen.

Eine einfache Landingpage mit einem Opt-in, Thank you Page und einem Link zu einem Auto-Responder zu erstellen, dauert weniger als eine halbe Stunde.

Denke zuerst darüber nach, was du kostenlos anbieten kannst, es ist wichtig, etwas Relevantes für deinen idealen Kunden auszuwählen, weil das Ziel immer ist, ihn zu einem regelmäßigen, wiederkehrenden Kunden zu machen.

Lass uns einen Funnel Schritt für Schritt betrachten:

1. Die erste Seite wird Headline Page genannt. Sie enthält dein Angebot, vielleicht ein kurzes Video (2-3 Minuten) und erfordert nur den Namen und die E-Mail des Kunden.

2. Das unglaubliche kostenlose Geschenk sollte relevant für dein Hauptangebot sein und die Basis für eine langfristige Beziehung mit dem

Kunden legen. Wer opt-in wählt, erhält die Bestätigung, dass sein Geschenk unterwegs ist, und wird in der Zwischenzeit eingeladen, sich mit weiteren verwandten Inhalten zu beschäftigen, nämlich der zweiten Seite des Funnels.

3. Diese zweite Seite kann ein längeres Video und einen interessanten Rabatt auf dein Produkt/Dienstleistung (-50%) haben. Um diesen Rabatt in Anspruch zu nehmen, muss der Kunde weitere Daten eingeben (Adresse, Telefon, Kreditkarte...). Unmittelbar nach der Dateneingabe wird das erste Upsell angeboten, ein Angebot, das mit dem vorherigen zusammenhängt, mit einem Rabatt auf ein anderes Produkt/Dienstleistung. Das Upsell kann von einem Sales Letter oder einem weiteren Video begleitet werden und sollte ein einzigartiges und einmaliges Angebot sein. In diesem Fall musst du dein Wort halten, denn der Kunde wird verstehen, dass du es ernst meinst, und, wenn er es nicht bereits getan hat, wird er das Angebot beim nächsten Mal sofort annehmen. Der Funnel erzieht die Kunden im Grunde dazu, wie du Geschäfte machst. Je mehr sie von dir kaufen, desto gewohnter werden sie es in Zukunft tun.

4. Alle Aktionen müssen in einer Thank you Page münden, das ist sehr wichtig, sowohl um die Kunden zu danken als auch um die Ergebnisse der verschiedenen Aktionen zu verfolgen.

5. Was passiert, wenn der Kunde die erforderliche Aktion nicht durchführt? Er beginnt, eine Reihe von E-Mails zum Thema der Aktion, die er nicht durchgeführt hat, zu erhalten, die darauf abzielen, ihn zu schulen und Zweifel zu klären, um ihn zum Handeln zu bewegen.

Sehr oft gibt es das Missverständnis, dass, wenn der Kunde nicht kauft, es eine Preisfrage ist. Fast nie ist das der Fall.

Es ist viel häufiger, dass die Art des Bonus, des Angebots oder des Produkts einfach falsch ist. Wenn sie nicht kaufen, bedeutet das, dass sie nicht interessiert sind, Punkt.

Die Lösung ist, oft die Produkte zu wechseln, die Dienstleistungen zu ändern und zu testen, welche bei den Kunden am erfolgreichsten sind.

Eine andere unbegründete Angst ist diese: nicht zu viele E-Mails senden zu wollen, aus Angst, die Abonnenten zu stören. Denke immer daran, dass jeder, der sich anmeldet und in deinem Funnel bleibt, eine Person ist, die zu deinem Produkt/Dienstleistung passt. Je mehr Angebote, Informationen und Wert du bietest, desto größer sind deine Verkaufschancen.

Wenn du einen Funnel aufbauen möchtest, aber keine technische Person bist, mach dir keine Sorgen, es gibt viele Fachleute, die auf die Erstellung von Funnels für jede Art von Unternehmen spezialisiert sind.

Anmerkungen

Diese Zusammenfassung von „Direct Marketing for Non-Direct Marketing Businesses" wurde sorgfältig kuratiert, um die Prinzipien des Kennedy-Denkens auf Deutsch zu verbreiten. Sie ist Teil der berühmten Buchreihe „No B.S.", erstellt von Dan Kennedy.

Dan Kennedy ist einer der einflussreichsten und wichtigsten Protagonisten des Direct Response Marketings und leider sind seine Bücher nur auf Englisch verfügbar.

Obwohl dies eine extrem zusammengefasste Version ohne die Originalbilder ist, sind wir überzeugt, dass sie als Sprungbrett für diejenigen dienen kann, die nicht gut Englisch sprechen, aber dennoch sein Denken vertiefen und anwenden möchten.

Der Zweck dieser Zusammenfassung ist rein informativ, wir beabsichtigen in keiner Weise, sie als Ersatz für das Originalbuch von Dan Kennedy zu sehen (erhältlich bei Amazon über den QR-Code).

Das Team von Kompakt Verlag